GUIMAO LAOKO Marcelin Gaël

En quête des trésors cachés.

Poésie.

ISBN : 978-9956-0-9836-1

En quête des trésors cachés.

Editions Tig
Tafam International Group Co Ltd
Téléphone: 00237 693 553 904
E-mail : tig.editions@gmail.com

www.tig-books.com

INTRODUCTION

Nous avons à la portée des mains un genre littéraire poétique. En effet, tant de thèmes se camouflent au travers de chaque poème que comporte ce recueil – du premier poème qui inaugure ce recueil jusqu'au dernier – d'où nécessité, non seulement de lire pour lire ou de s'intéresser qu'au caractère passionnant que revêt cette littérature, mais plutôt de lire tout en décryptant le message que chaque strophe ou chaque ver met en exergue ; en d'autres mots, il est crucial de chercher à cerner ce que chaque poème veut véhiculer. En effet, il y a des mots ou des expressions qui peuvent ne pas exprimer ce qu'ils signifient réellement et universellement, mais qui traduisent une autre réalité. Par conséquent, la concentration, la fidélité au contexte et les notes de bas des pages peuvent aider à clarifier le message.

Ce recueil est la somme de plusieurs poèmes. Certes, un écrit est muet, mais il parle plus fort et son écho peut traverser les murs spatiaux et temporels. Ces poèmes ne visent pas d'abord à favoriser l'évasion spirituelle ni la distraction, mais veulent, premièrement, transmettre aux esprits qui les perforent lucidement un certain nombre de messages forts, signifiants et d'actualité. Seul l'être humain, en tant qu'un sujet individuel, mais aussi un sujet à la fois rationnel, conscient et social, qui est l'idée principale que traversent tous ces poèmes. C'est le bien, le bonheur, la dignité, le respect et la valeur de ce dernier, dans toute sa personnalité et ses prérogatives, qui y sont les véritables nœuds. Cependant, en plus de l'homme et de ce qui le concerne, il y a aussi Dieu et le cosmos qui constituent, en quelque sorte, les idées centrales secondaires.

Avant d'amorcer la lecture de ces poèmes, afin de faciliter la compréhension en sus de la clarification apportée par les notes de bas de pages, que les grands thèmes clés que regorgent ces poèmes soient soulignés.

- Les "*appréciations des hommes*" et "*L'âge et la sagesse*", traduisent les considérations et les idées que certaines personnes peuvent se faire des autres. Il faut savoir qu'il est beau de se prononcer sur l'autre, mais qu'il soit plus beau de refléter d'abord ce que l'on veut dire avant qu'il soit dit, et qu'il soit dit objectivement. Par ailleurs, certains croient que c'est l'âge très avancé qui fait la personne mûre, c'est-à-dire qui fait d'elle un sage, une référence morale, une révérende, à cause de leurs diverses expériences. Or la sagesse, la morale et la dignité humaine n'ont pas pour socle l'expérience de vie. Nous pouvons rencontrer une personne très avancée en âge mais qui gamine. Par conséquent, tout être humain est digne de ces prédicats, car ils lui sont intrinsèques et le font participer à ceux du Transcendant. Mais c'est à chacun de s'en faire une particularité.

• *"Et si je parle..."*, *"L'école ou les loisirs"*, *"Les lettres i, o, a..."*, *"La blancheur du papier"*, *"L'action, un ascenseur"* et *"L'ancre de la plume"*, quant à eux, portent sur le sujet individuel comme le bâtisseur de sa propre vie et le principal rédacteur de sa propre histoire.

• Quant à l'éducation scolaire et l'importance qu'elle revêt, sont les aspects que traitent "*Il me faut quitter l'habitude*", "*L'école ou les loisirs*" et "*Les lettres i, o, a…*"

• "*La blancheur du papier*" et "*L'ancre de la plume*" traduisent aussi la particularité spécifiquement humaine grâce à la faculté rationnelle que l'homme dispose.

• "*Je veux seulement la paix*" et "*A la conquête de la paix intérieure*" ce sont des poèmes qui mettent en relief la question de la paix, tout en sous-entendant la question des guerres, des conflits, de l'inquiétude, des contraintes, des violences, et de tout ce qui peut soit empêcher l'homme de vivre socialement en paix, soit tout ce qui suffoque sa quiétude intérieure. En d'autres termes, ces poèmes signifient la grandeur de la paix, et la présentent comme quelque-chose de plus précieux au monde que l'on puisse quêter et conserver jalousement.

• "*Lequel des deux*" et "*Les yeux d'attente*" interpelle à la prudence et à la clairvoyance face à une circonstance troublée et particulière ou à une situation qui conditionne à un choix. Car, en faisant un choix, on accueille inconsciemment ou consciemment la responsabilité de tout ce qui y découlera de mieux ou de pis. En plus, il fait s'avoir être posé et patient dans toute chose, même si le besoin se fait urgent, de peur que le faux soit pris comme le vrai.

• "*Le cœur du jaloux*", "*Qui l'a trahi ?* ", "*Le Judas Iscariote*" et "*Jésus continue encore son agonie*" montrent le cœur de l'homme dans sa négativité. C'est la méchanceté et la perversité de l'homme, et aussi le rejet du bien et de la vérité. En plus, ces poèmes, en particulier "*Qui l'a trahi ?* ", traitent aussi de la perfidie et de l'hypocrisie. Le Jésus d'aujourd'hui est tous ceux qui sont des victimes de la violence, de l'injustice, de la trahison, juste parce qu'ils ont dit la vérité, ont dénoncé ou ont fait du bien qui se dresserait comme une contrainte pour les uns.

• La vérité fait scandale et est, aussi, suffoquée. Mais en dépit de tout, nul ne peut parvenir à l'éradiquer totalement. La vérité est la problématique qu'abordent *"Qui l'a trahi"*, *"Jésus continue encore son agonie"*, *"La vérité"*, *"Si le soleil se lève…"*, *"La nuit sans la lune"* et *"Le règne des ténèbres"*.

• *"L'ancre de la plume"*, *"Le livre en rédaction"*, *"Qui l'a trahi ? "*, *"Avoir un an, c'est faire un pas"*, *"Jésus continue encore son agonie"*, *"Les martyrs du 18 janvier 1979 I et II"* et *"La bougie de l'anniversaire"* font mention de l'existence en parlant de la naissance, de la vie et de la mort.

• *"Le renouvellement"*, *"Le jour étoilé"*, *"Le jour floral"*, *"L'après fête d'anniversaire"*, *"Avoir un an, c'est faire un pas"* et *"La bougie de l'anniversaire"* sont destinés aux fêtes d'anniversaires de naissance. Mais en plus de cette thématique, ensemble avec *"La solidarité"*, ces poèmes, à l'exception de *"La bougie de l'anniversaire"*, font l'éloge de la grandeur de l'amour fraternel et de la beauté de l'amitié.

- *"Une venue miraculeuse"* est un poème destiné pour la fête de noël.

- Le respect et la considération dus à toutes les femmes, mais à sa mère plus particulièrement, est ce que prône *"L'autre"*. Il mentionne également le danger que représentent les résultats de la science et de la technique pour la fonction congénitale de la femme.

- *"La nature, ma mère"* et *"Il faut transpirer"*, à leur tour, traitent de la réalité cosmique en toutes ses richesses, le sens du travail en vue du bonheur et de l'humanisation, et de l'attention que l'on doit porter à la nature.

- Enfin, *"L'arbre-société"* parle de la société. Il présente la société en sa composition d'êtres vivants, tout en privilégiant la nature humaine, et en mettant en relief l'unité et la communication entre les membres de celle-ci, qui doit outrepasser toutes les barrières anti-unité ; ce n'est que par-là, par le biais d'une diversité culturelle et d'une multiplicité de talents efficaces, que le bonheur et la beauté de la société deviennent possibles et concrets.

Par ailleurs, tout ce que l'homme nomme, tout ce qu'il désigne par un ou quelques mots, est significatif et est porteur d'une idée ou des idées. Un titre est le résumé le plus succinct possible de tout un développement qui le suit. Si le titre de "*En quête des trésors cachés*" est attribué à ce recueil, c'est pour exprimer, comme il est déjà amorcé en amont, que ces poèmes veulent véhiculer des messages. Mais pour arriver à saisir le véritable contenu, il faut une certaine méthode. Ayant déjà une disposition claire, et bien armée pour percer la vraie compréhension de ce qui sera découvert, le signal est donné, que la quête s'annonce.

LES APPRECIATIONS DES HOMMES

Dans la vie, le bien et apprécié par les uns et
déprécié par les autres ;
Dans la vie, le mal est admiré par certains mais
rejeté par d'autres.
Quasiment tout et presque rien semblent être d'une
même beauté,
Puisque dans tous les cas, un geste est à la fois
critiqué ou félicité.

L'appréciation est relativement personnelle et
circonstancielle.
Seules les lèvres qui parlent, qui savent pourquoi
elles parlent.
C'est soit le cœur ou la haine[1], soit la tête ou
l'amour[2] qui parle.
Il faut être fier, car sans le jugement, pas de bien ni
d'effort.

Pas de critique, point d'appréciation ni de
perfection.
Faille-t-il critiquer sans être illuminé par la raison ?
Par la mauvaise foi, la critique décourage et vexe.
Voilà un ascenseur pour faire monter ou descendre.

---

[1] Le cœur ou la haine, c'est la subjectivité ou la méchanceté
[2] La tête ou l'amour, c'est la raison ou la bonne intention

Certaines lèvres sont toujours verrouillées.
La phobie aurait-elle possédé cette clé ?
L'indifférence peut être fichue de la posséder ?
Mais cette clé n'est-elle pas chez la passivité ?

Il est beau d'apprécier quand il faut apprécier.
Est nécessaire, la critique quand il le faut.
C'est le chemin de purification et de perfection.
Que soit la bienvenue toute critique humaine.

L'AGE ET LA SAGESSE

L'âge dit la sagesse.
L'âge dit le respect,
L'âge dit la morale,
L'âge dit la personne[3].

Si la sagesse dit les vieillards,
Le vieillard n'est pas le sage.
Si la sagesse dit les vieillards,
Seul le vieillard est sage.

Si l'âge dit la sagesse,
La sagesse ne dit l'âge,
La sagesse dit la personne,
La personne n'est la sagesse.

Si réellement l'âge dit le respect,
Si le respect dit les vieillards,
Mais le vieillard n'est pas respectable.
Seule la personne est digne de respect.

Si l'âge dit la morale,
Si la morale dit les vieillards,
Mais la morale dit le vieillard.
La morale dit la personne seule.

---

[3] La personne traduit l'idée de l'être humain.

La sagesse dit la personne,
Le respect dit la personne,
La morale dit la personne,
La personne[4] dit la personne.

Les vieillards sont dits…
Mais le vieillard l'est.
Uniquement la personne,
Tout dit la personne seule.

Si tout dit la personne seule,
Tout ne dit pas toute personne :
Personne ne peut être tout,
Mais personne peut être tout.

Si l'âge dit la personne,
L'âge dit la sagesse,
L'âge dit le respect,
L'âge dit la morale.

Or l'âge est à l'Âge,
La sagesse est à la Sagesse,
La morale est à la Morale,
Et la personne dit l'Autre.

---

[4] La personne désigne, ici, la personnalité.

ET SI JE PARLE...

Tout a été créé à partir de peu de mots.
Des paroles ont donné naissance au monde.
Non seulement au monde, mais à toute la vie.

Et si je parle, je donnerai une destination à ma vie ?
Evidemment, je suis un bâtisseur par la parole.
Si je dis que je veux… certes je pourrai aussi…

Je parle est significatif quand j'agis.
Que *j'agis* soit l'ami de la lumière[5].
Ainsi, jusqu'au-boutiste avisé, je le suis.

Il est beau de se faire aider.
Etre toujours aidé, voilà le mal.
C'est chacun, seul, qui conduit.

Moi seul, je comprends le langage de mon cœur.
A moi seul le premier et l'avant-dernier mot.
Le dernier est exclusivement à mon Créateur.

Oui ! Il est temps que je puisse me prononcer.
Il est temps de laisser la raison parler en moi.
Ah oui ! Qu'elle me parle par mon cœur.

Que je parle raisonnablement.

---

[5] La lumière, c'est la raison ou la vérité jaillissant de cette raison.

Que je rende efficaces mes mots.
Que je m'affirme dans tout.

Je suis le premier et l'avant-dernier.
L'autrui est le miroir qui me dit moi[6].
Dieu est la Parole qui bénit la mienne.

Ah ! La parole est mystérieuse :
Elle est créatrice et destructrice,
Elle est vitale et fondamentale.

Ma parole peut modifier le cours de mon histoire.
Ma parole est capable de récréer et réorganiser le
monde.
Ajoute ta parole à la mienne et tout nous serait
possible.

---

[6] L'autre est le miroir qui me dit moi, veut dire que grâce à
l'exemple de conduite de l'autre et à ses mots objectivement
moraux, je peux parvenir à connaître mes limites et mes
imperfections en vue de me frayer une voie sincère de la
conversion.

IL ME FAUT QUITTER L'HABITUDE

Bambin, j'importunais mon père.
« Moi aussi, je veux aller à l'école. »
Chaque fois que je vois les élèves,
Mon chant habituel s'entonne.

Le moment est venu, je suis scolarisé.
Il me faut chaque matin quitter l'habitude :
Quitter les parents, quitter les amis,
Quitter les charmes, quitter les jeux.

Ah, combien il est difficile !
Vraiment difficile et trop pénible.
Sortir de l'habituel n'est pas facile.
Mais si j'aime l'école, je dois quitter...

Désormais, il faut coucher tardivement.
Il faut étudier, il faut des recherches.
Voilà encore quelque chose qui s'impose à moi.
Si je m'en passe, je demeurerai dans la caverne[7].

Que de peines à affronter.
Que de peines à surmonter.
Que de peines à s'acclimater.
Que de peines à étudier.

---

[7] La caverne comme le synonyme de l'ignorance ou de l'aveuglement du point de vue de la connaissance.

L'école me flattait extrêmement.
Elle n'est point la boutique du chocolat.
Pas de charme ni de chocolat.
J'en ai marre, c'en est de trop.

Une fois, puis deux fois… ça marche,
J'ai pu sécher les cours de la journée.
Une fois, puis deux fois… ça cloche,
Eh bien, j'ai loupé de moyennes à l'école.

L'ECOLE OU LES LOISIRS

Chaque soir, je suis avec mon ami intime.
Il me réjouit et je souris sans cesse.
Voici Angelo… les deux sisters… Tom et Nana…[8]
Les chaînes, je les connais même par cœur.

A l'école, je suis nullard.
L'indiscipline, je l'incarne.
A la maison, c'est le loisir.
Je suis le puni par excellence.

Maintenant j'ai un très bon emploi.
Le passé est bâtisseur du présent.
Je suis aujourd'hui ce que je faisais.
Personne, j'en prends pour cause.

Je suis le familier de la drogue.
La rue, c'est moi en personne.
Le pickpocket, est ma fonction.
Je mène un combat journalier.

Tu me connais, tu vois ce que je suis.
N'ose pas faire comme moi, sois sage.
On a besoin de toi, mais pas dans la rue.
L'école n'est pas l'enfer, non elle ne l'est.

---

[8] Angelo, les deux sisters, Tom et Nana sont des acteurs des bandes dessinées. C'est juste pour exprimer la tendance passionnante et l'attention démesurée des enfants vers le loisir et surtout vers la télévision.

LES LETTRES I, O, A...

I, o, a... dit le livre,
I, o, a... dit l'école,
I, o, a... dit l'élève.

Beaucoup de temps s'écoule,
Beaucoup de i, o, a... est dit :
Et i, o, a... devient l'élève.

Il va à l'école de i, o, a...
Il dit beaucoup de i, o, a...
Il devient finalement i, o, a...

I, o, a... dit-il,
I, o, a... écrit-il :
I, o, a... devient-il.

Pas de i, o, a... il dit, mais il ne dit rien.
Sans i, o, a... il n'écrit et ne dit l'écrit.
Aucun i, o, a... il est i, o, a... sans l'être.

Qui est i, o, a... distinguerait la fourmi dans la nuit.
Qui est i, o, a... vivrait au paradis, mais sur la terre.
Qui est i, o, a... reflète sa propre volonté et lui-même.

Dis i, o, a... du livre.
Dis i, o, a... de l'école.
Oui, deviens i, o, a...

LA BLANCHEUR DU PAPIER

Une feuille[9] à caractère tout blanc :
Toute immaculée, elle est intacte ;
De sa blancheur, jaillit sa pureté.

Sous l'ancre[10] de la plume[11]
Apparaît une trace[12] colorée :
C'est une marque indélébile.

C'est la main[13] qui tient la plume.
La plume se montre toute fidèle.
Or la main obéit-elle aussi.

De la tête[14], elle reçoit l'inspiration,
Du cœur[15], elle valide l'aspiration,

---

[9] La feuille symbolise l'histoire individuellement existentielle. Cette histoire n'est rien d'autre la vie, une vie en dehors des entrailles maternelles, allant de la naissance à la mort.

[10] L'ancre désigne, ici, la faculté rationnelle. Seul l'être humain est un être historique, parce qu'il a cette faculté que les autres êtres n'en ont pas. Cette faculté est liée au principe spirituel de l'homme.

[11] La plume est, quant à elle, philosophiquement, le principe spirituel invisible qui fait partie composition de l'homme. Théologiquement, c'est l'Esprit qui habite en chaque être humain. C'est grâce à ce principe que l'être humain fait preuve de la faculté rationnelle.

[12] La trace signifie, ici, les actes posés, ces actes qui vont constituer le passé.

[13] La main exprime tout l'homme.

[14] La tête désigne le cerveau et la capacité réflexive humaine.

Et la main, un véritable émissaire.

Mais si la main tremblote,
Si la concentration s'exclue,
La feuille, une véritable traitresse.

Les intentions du cœur,
La flexibilité de la tête,
La feuille les dénonce.

De l'ancre rouge[16], trace rouge,
De l'ancre noir[17], trace noire,
Couleur[18] de l'ancre, celle de trace[19].

Et la main, et la plume,
Obéissantes au cœur et à la tête,
La feuille reflète l'aspiration.

---

[15] Le cœur est, ici, comme l'image de la passion, du charnel, du sensible.

[16] La couleur rouge traduit l'idée d'une immoralité qui va à l'encontre de la loi, des normes, des règles ou des conventions d'une institution donnée, voire contre de la loi naturelle. Elle est condamnable.

[17] La couleur noire désigne le mal, l'erreur, la méchanceté.

[18] La couleur, c'est l'intention ou le désir individuel.

[19] Couleur de l'ancre, celle de la trace : bien que la raison illumine, mais elle peut être anesthésiée par l'intention ou le désir de l'individu.

L'ACTION, UN ASCENSEUR

Point d'homme, aucune histoire.
A la naissance, blanche[20] est l'histoire.
C'est chacun seul qui réalise son histoire.

Même si Dieu est là et les hommes sont là,
Chaque histoire est individuellement.
L'histoire, que de séries d'actions posées.

Chaque action est un ascenseur :
Ou la célébrité ou la déchéance,
Elle comparait ou elle témoigne.

Tout homme est né avec une plume[21].
La naissance lui remet une feuille vierge[22].
Il n'écrit que sur sa feuille avec sa plume.

Est responsable celui qui écrit avec maladresse.
La rayure[23] est la laideur dans la beauté de la
feuille.
Mais, une écriture calligraphiée[24], un modèle
imitable.

---

[20] La couleur blanche est, ici, la pureté, le caractère intact.
[21] Une plume fait allusion au principe spirituel, à l'esprit.
[22] Une feuille vierge veut dire une existence susceptible d'une histoire dont l'acteur principale est l'individu et dont l'unique auteur c'est Dieu.
[23] La rayure est le symbole des erreurs, imperfections, des bêtises humaines.

Tous n'écrivent de la même manière,
Mais tous peuvent néanmoins écrire[25].
Que la beauté[26] écrive et calligraphie.

---

[24] Une écriture calligraphiée n'est rien d'autre qu'un acte vertueux, bon et humanisant.

[25] Ecrire signifie poser un acte.

[26] La beauté ou la raison. C'est elle qui peut illuminer l'intention et le désir, purifier l'action et faire d'elle un acte bon, vertueux.

L'ANCRE[27] DE LA PLUME[28]

Une plume, un outil qui transforme,
Une plume, une arme de bataille,
Une plume, un messager pacifique,
Une plume, un porte-bonheur,
Une plume, un porte-malheur,
Une plume, un porte-parole,

Si tu respires, tu l'as en main[29] :
Elle t'est agglutinée à la main.
Décolle-la[30] et cesse de respirer[31].
Si l'on te la décolle, tu ne respires.
Quand elle est lourde ou légère,
N'anticipe rien, ne la décolle pas.

A tout homme, une plume seulement est remise :
Si l'ancre finit[32], le cœur doit cesser son battement.
La gérance de son ancre est individuellement.
Chacun ou l'autre peut épuiser l'ancre de l'autre.

---

[27] L'ancre est l'idée de la faculté rationnelle.

[28] La plume est le principe spirituel extrêmement humain.

[29] La main veut désigner tout l'être humain.

[30] Le verbe décoller traduit l'idée de la mort, du suicide.

[31] Le verbe respirer désigne, quant à lui, la vie ; l'existence.

[32] Cela pour exprimer le caractère limité et fini de tout être humain. En d'autres mots, l'être humain n'est pas éternel, il est un être mortel, fini ; et aussi un homme mort perd toute sa faculté rationnelle. C'est une manière de parler du contenant par son contenu, de la plume par l'ancre.

Cette ancre naturelle, ne s'emprunte ni ne s'achète.
De l'épuisement[33] précoce ou non, il ne respire.

La plume métamorphose,
La plume sert à combattre,
La plume engendre la paix,
La plume génère le bonheur,
La plume fait endosser de faix[34],
La plume dévoile l'intérieur.

---

[33] L'épuisement ou bien la mort.
[34] Les faix veulent dire, ici, les vicissitudes, les souffrances, le poids de la vie.

LE LIVRE EN REDACTION

Le cerveau est un livre[35] mystérieux,
C'est un livre en perpétuelle rédaction[36].
De la nuit à la nuit[37], elle se rédige ;
C'est au jour[38] qu'il se rédige mieux.

Très volumineux, est ce livre :
C'est une multiplicité de chapitres[39].
C'est un chef-d'œuvre individuel.
Son rédacteur n'est l'individu seul.

La respiration[40] alimente cette rédaction.
La coupure du souffle[41], c'est le point final[42].
Les mots[43] sont l'instrument de la rédaction.

---

[35] Le cerveau favorise la mémorisation et l'acquisition de diverses connaissances issues de différentes expériences et d'apprentissages. C'est ainsi que le cerveau se fait un contenu très consistant de savoir.

[36] Au jour le jour, si l'homme continue de respirer, il continue toujours d'ajouter au contenu de son cerveau de nouvelles connaissances acquises.

[37] De la nuit à la nuit, c'est-à-dire de la naissance à la mort.

[38] Le jour se situe entre l'adolescence et la vieillesse. En cette période, l'être humain est mieux éclairé rationnellement.

[39] Le cerveau contient de séries d'évènements et de connaissances.

[40] La respiration désigne la vie, le fait de vivre. Ce n'est qu'en vivant, en existant, que le cerveau est fonctionnel.

[41] La coupure du souffle, c'est le fait de cesser de vivre.

[42] Le point final signifie la mort, le trépas.

Avec le point final, prend fin la rédaction.
Après le point final, c'est une œuvre éditée[44].
La plume disparaît, mais le livre chemine[45].

---

[43] Les mots sont les évènements, les circonstances, les conditions socio-culturelles et géographiques, l'éducation, l'apprentissage, les expériences.

[44] Une œuvre éditée, c'est une histoire accomplie, finie, achevée.

[45] L'être humain est appelé à mourir un jour, mais s'il a pu immortaliser son existence par le biais de ses connaissances, il demeure toujours vivant à travers l'histoire.

JE VEUX SEULEMENT LA PAIX

Dormir dans une maison délabrée,
Dormir sous un arbre ou dans la rue,
Dormir sur une natte ou parterre,
Dormir çà et là, partout où je pourrai :
Pour vu que si je suis, que j'aie la paix.

Manger une seule fois dans la journée,
Manger rien que de l'air toute la journée,
Manger mais sans satisfaire ma faim,
Manger que des mets trop misérables :
Pourvu que si je suis, que j'aie la paix.

Marcher pieds nus à travers les quartiers,
Marcher avec des chaussures gâtées,
Marcher torse nue ou en culotte trouée,
Marcher avec un accoutrement moyenâgeux :
Pour vu que si je suis, que j'aie la paix.

A LA CONQUETE DE LA PAIX
INTERIEURE

Qui vit, croise inévitablement les souffrances :
De partout, même à sa table, il les côtoie.
Inutile si le cœur[46] dit : « jette la croix ».
La porter jusqu'au sommet du Golgotha,
Voilà, en quoi consistent la grandeur et la force.

Pour bien vivre, il faut la véritable paix.
Sans elle, presque tout deviendrait dégoutant.
Si le cœur bat, donc les contraintes passent.
Si les contraintes passent, donc le cœur est troublé.
Le cœur est troublé que s'il n'accueille pas.

Si le cœur accueille, l'esprit est aguerri.
Si le cœur supporte, le corps peut endurer.
Voici la paix fleurir au milieu des ronces ;
A pas de tortue, elle va les transcender toutes.
Affronter les souffrances, c'est garantir la paix.

Si les maux sont méprisés,
Là, ils terrassent rapidement.
Sans risque, pas de conquête.
Le courage engage toujours ;
Tout engagement est individuel.

---

[46] Le cœur comme le lieu du sentiment, comme la voix corporelle, comme la faiblesse corporelle.

Tout ce que je veux, c'est la paix du cœur.
Les autres et la nature me brisent le cœur.
Est-ce que moi-même je me poignard ?
Il faut parfois éviter, quelque fois affronter.
Tel je veux la paix, tel je la conquis.

LEQUEL DES DEUX ?

Le ventre réclame son droit :
« Monsieur, il est temps, pense à moi. »
Et le corps s'affaiblit également.

Deux aigles volent,
Vers moi, ils volent :
Les becs sont porteurs.

Au bec il y a du piment,
Au bec, il y a du sucre.
Lequel du sucre et du piment… ?

Le piment est piquant,
Le sucre est doux.
Lequel du doux et du piquant… ?

Rien ne m'y intéresse…
La gastrique refuse le piment,
Le diabète redoute le sucre.

Ma santé me dit non,
Mes intestins disent oui.
Lequel du oui et du non… ?

Le corps est à bout de force.
L'urgence s'impose à moi.
L'urgence m'offre le risque.

Le sucre est énergétique.
Le corps est à bout de force.
Lequel de la santé et de la faim… ?

C'est au corps de dire lequel…
Il parle mais il se regarde ;
Il parle de l'après et du demain.

LES YEUX D'ATTENTE

Ah, j'ai le ventre au talent !
Depuis du tréfonds de mes intestins,
Une mélodie polyphonique s'entonne :
Mes chantres sont en concert.

Mes yeux cherchent çà et là :
« Où es-tu et que nous dis-tu ? »
La pendule dit la moitié du jour.
Le soleil au zénith, brûle.

Mes yeux se mettent à balader.
Cette errance lance des questions :
Madame table indexe sa sœur Cuisine.
Madame cuisine me dit : « Patience ».

Tout me semble que du rouge,
Point de gaieté sur les joues :
La vue exprime l'attente,
C'est l'attente dans l'impatience.

Si le couvercle tombe et raisonne :
La fin de l'attente semble s'annoncer
Et la vue tâche de me rassurer.
Si rien du tout… donc mon attente continue

LE CŒUR DU JALOUX

Quand il pleut, il ronchonne ;
Si le soleil luit, il rognonne ;
Quand il fait chaud ou froid,
Il grommelle sans cesse.
Que veut-il véritablement ?

Quand une chose est belle ou laide,
Quand une chose est bonne ou mauvaise,
Quand une chose s'est réalisée ou non,
Quand une chose l'intéresse ou non,
Toujours, il ne cesse de marmonner.

Le bien de l'autre lui fracasse le cœur.
Le malheur de l'autre égaie son cœur.
La présence de l'autre attriste son cœur.
Quasi-toute son action transperce son cœur.
En quoi l'autre est une inquiétude pour lui ?

La paire de lunette[47] au verre[48] rouge[49] et noir[50] :
Tout y est sombre et rouge, nulle autre couleur.

---

[47] La paire de lunette est l'expression qui renvoie à la pensée.

[48] Un verre traduit, ici, l'intention, le désir, et même la volonté.

[49] Le rouge c'est ce qui ne répond pas à l'exigence de la morale, de la loi, des normes, des règles, des conventions et de la loi de la nature. C'est ce qui est condamnable.

[50] Le noir c'est l'idée de ce qui renvoie au mal, à la méchanceté.

Si le bien est blanc[51], le mal est noir, mais
rouge.
Avec cette lunette, le blanc perd sa blancheur[52].
Donc tout est noir et rouge, mais pourquoi alors ?

Enlève cette paire de lunette et brise-la.
Trompe ton cœur dans la braise du forgeron[53].
Voici la lunette d'amour, elle est toute claire[54].
Mais de l'amour nait le bien, un bien limpide[55].
Que le noir soit blanc, que le blanc soit blanc.

---

[51] Le bien est blanc veut dire que le bien est pur, il ne contient pas en lui le mal : c'est en quelque sorte son substrat.

[52] La perdre de la blancheur, c'est pour exprimer la corruption. Face au mal, à la perversion, le bien peut subir la corruption, mais en subissant la corruption, il perd sa pureté, sa nature, et cesse d'être le bien. Il s'agit du bien comme acte, et non comme concept.

[53] La braise du forgeron n'est que l'idée de la purification, de la conversion.

[54] La clarté est, ici, la vérité, droiture, la justice.

[55] Ce qui est limpide, c'est ce qui est clair, autrement dit, il s'agit ici de la vérité, de la droiture, de la justice.

QUI L'A TRAHI ?

La même bouche qui disait : « Viens nous
sauver… »
Elle disait : « Gloire à Dieu au plus haut des
cieux… »
Hier, elle chantait : « Hosanna, Fils de David… »
N'est-ce pas celle-là qui crie : « Crucifions-le » ?

Il était chez lui, nous lui crions « à l'aide ! »
Quand il était venu, tous nous l'accueillions.
Il faisait des miracles, nous l'aimions.
Hélas ! Le voici mort dans la solitude.

A nos jérémiades, il s'est abaissé.
Son amour redonne sens à la vie.
Malgré tout, il est nié et jugé.
Nous tous, nous l'avons abrégé.

Il l'avait réellement trahi.
Tous, nous n'accusons que celui-ci.
Mais tous, nous sommes aussi ses traitres.
Oui, indirectement nous le sommes.

Maintenant même, je le vois :
Il est là, là-bas, donc partout ;
Il est dans le rien et le tout.
Mais le jour mettra fin aux nuits.

Oui, je le vois :
En vous, en nous ;
En toi, en moi.
Oui, croyez-moi.

LE JUDAS ISCARIOTE

Judas Iscariote trahît Jésus
Et ses frères juifs le voulaient mort.
Je prends les armes et trahis mon pays :
En le détruisant, je l'ai mis à mort.

De milliers d'hommes sont pilés[56],
Par un seul coup, ils sont écrasés :
Voie impure de la grandeur,
Voie sanguinaire du bonheur.

Le Bien est pris en otage,
La vérité est écrouée.
Le Mal circule sans gêne,
Le faible est son tapis rouge.

Oh Judas Iscariote !
La liste est vraiment longue.
Ah ! J'en ai ras-le-bol.
Mais nul n'est éternel.

Ils pensaient qu'ils l'ont tué :
Tout le Jésus est tué
Et ils se croyaient vainqueurs.
Mais c'est l'erreur des erreurs

---

[56] Piler veut dire décimer

Le Bien et le Vrai[57] importunent.
Comme la fumée, ils s'échappent.
Nul ne peut les éradiquer
Et rien ne peut les triompher.

---

[57] Le Bien et le Vrai, ne renvoie pas au Transcendant, mais mettent plutôt en relief leur pureté loin de la corruption. Le Vrai n'est rien d'autre que la vérité.

JESUS CONTINUE ENCORE SON AGONIE

Chaque jour, « Jésus » ne cesse de mourir.
A tout instant, je le vois porter la croix.
Ce « Jésus » de l'aujourd'hui est rejeté :
Juste parce qu'il dit tout le mal qu'il voit ?

Loin de se justifier comme Adam soit comme Eve.
La résignation est la vertu de l'homme humble.
Aimer la vérité, c'est devenir son ami.
Courage ! ne craint pas la mort ni la perfidie.

Le Mal[58] te craint. Alors, il veut te faire taire.
Mais si tu ne te tais pas, tu iras sous le sol.
Et si tu fléchis, tu seras la risée du Mal.
Sois jusqu'au-boutiste ! Oui vas jusqu'au calvaire.

Crie fortement du haut de la montagne,
Proclame ardemment partout dans les rues
Tout ce qui écrase l'humanité :
Que cœur et action sombres soient criés.

On te fera porter une couronne en ronces
Le Mal te réduira en silence des silences[59].

---

[58] Le Mal désigne le mal dans la généralité de ses multiples formes.
[59] Le silence des silences, c'est la mort.

Mais ce geste d'amour sera issu pour le monde.
Ton cri résonnera toujours à travers le monde.

Aimer la vérité, c'est devenir la vérité.
L'ami de la vérité est son porte-parole.
Aujourd'hui, ils t'ont tous rejeté et calomnié.
Mais, le Mal reconnaîtra en toi ce bien-modèle.

Oh Jésus de l'aujourd'hui,
Ne sois pas taciturne, toi !
Ne joue pas à l'aveugle !
Vas y, dis tout et dévoile.

Méfie-toi des mains qui t'applaudissent :
Ironie par applaudissent,
Pure perfidie voilée et blanchie.
Tu vis toujours avec l' « Iscariote ».

LA VERITE

Vivre dans la lumière
Epouser la lumière
Rien que la lumière
Inculquer en soi la lumière
Travailler dans la lumière
Eviter les ténèbres
… Ah la vérité !

Vivre dans la droiture
Epouser la droiture
Rien que la droiture
Inculquer en soi la droiture
Travailler dans la droiture
Eviter la maladresse
… Ah la vérité !

Vivre dans la justice
Epouser la justice
Rien que la justice
Inculquer en soi la justice
Travailler pour la justice
Eviter l'injustice
… Ah la vérité !

Vivre dans le bien
Epouser le bien

Rien que le bien
Inculquer en soi le bien
Travailler pour le bien
Eviter le mal
… Ah la vérité !

SI LE SOLEIL[60] SE LEVE ...

Il fait jour[61], il fait nuit[62].
Tous deux font le relais,
Si l'un vient, l'autre part :
Il y a la nuit, il y a le jour.

Si le soleil se lève, la lune[63] se retire.
Si la lune se pointe, le soleil se cache.
L'un illumine plus, l'autre, très faiblement.
Les deux n'interviennent au même moment.

Le soleil chauffe,
Le soleil brûle,
Le soleil sèche,
Le soleil calcine.

Il fait souffrir,
Il fait sourire.
Il est dégoutant,
Il est passionnant.

Les uns ne le préfèrent,

---

[60] Le soleil veut dire, ici, la vérité. Et le vrai soleil de la société c'est la loi et la justice comme institution.
[61] Le jour, c'est le bien.
[62] La nuit désigne le mal.
[63] La lune transmet aussi la notion de la vérité, mais une vérité corrompue, voire anesthésiée.

Les autres l'aiment bien.
Le parapluie, le climatiseur :
Une tangente, n'est-ce pas ?

Il y a des jours sans soleil,
Parfois le soleil luit sans brûler.
Voilà un jour aimable.
N'est-ce pas un jour tendre ?

LA NUIT SANS LA LUNE

La lune éclaire parfois la nuit.
La lune n'éclaire presque pas :
Parfois, le ciel est vide, pas de lune.
Mais la lune est l'intime de la nuit.

Au clair de la lune, règne la paix.
Au clair de la lune, jaillie la joie.
Au clair de la lune, grandit l'amour.
Au clair de la lune, renaît l'amitié.

Si la lune n'est dans le ciel,
Si elle ne luit pas, non plus,
Règne toutes les ténèbres[64],
Et tout se voile sous le ciel.

Que viennent la nuit et les ténèbres :
Que commencent les actions diurnes.
Personne ne voit, personne n'en parle :
Actions diurnes, nuit toute noire[65].

---

[64] Les ténèbres désignent le mal.
[65] La couleur noire c'est le signe du mal, d'erreur, de méchanceté.

LE REIGNE DES TENEBRES

Si le jour est sans le soleil,
Et si le ciel est nébuleux,
L'ombre semble dire le noir,
Et le noir c'est le ténébreux.

Si le jour et la nuit se ressemblent :
La nuit dans le jour, la nuit dans la nuit.
Les ampoules[66] s'allument et n'illuminent :
Ici est lumineux, là-bas est ténébreux.

Point de jour, point de nuit ;
Pas de jour, nulle lumière.
Voici le jour, voici la nuit.
Que de partout brille l'ampoule.

---

[66] Les ampoules, ce sont les institutions qui doivent garantir et promouvoir la vérité, le bien et la justice, il y a entre autres, les tribunaux, le pouvoir de répression.

LE CŒUR D'UNE MERE

Salut, le pays de tous les Centrafricains !
Salut, toi cette terre riche et fertile !
Salut, toi qui a la beauté naturelle !
Salut, mère de tous les Centrafricains !

Tu as connu des moments de fêtes
Et tu as connu aussi les vicissitudes :
Il t'arrive de rire, il t'arrive de pleurer.

Tu es joyeuse et heureuse quand tes fils le sont de
même.
Tu gémis et t'inquiètes quand ils sont en proie à la
peine.
Le bien-être de tes enfants fait la joie de ton cœur
Leur propre malheur te met hors de toi et te fait
mal au cœur.

Rassemble vers toi les cœurs de tes enfants,
Y inscrire et l'amour et les droits de l'homme.
Voilà ce que tu peux faire en guise des pleurs.

A bientôt, le pays de tous les Centrafricains !
A bientôt, toi cette terre riche et fertile !
A bientôt, toi qui a la beauté naturelle !
A bientôt, mère de tous les Centrafricains !

AUX MARTYRS DU 18 JANVIER 1979

I

Oh, mère des mères, la Centrafrique !
Tant de tes enfants, tu as eu à enterrer.
Tu les enterres et les enterreras encore.
Comme une vraie mère, ton cœur est brisé.

Certains de ceux que tu as enfantés, sont cruellement
tués.
Oui ! Par leurs propres frères, beaucoup sont
massacrés et tués.
Oh mère, voilà tes enfants dans les murs de
l'éducation[67] !
Les voici maintenant pourchassés comme des gibiers
par la violence.

Le ''NON'' peut mener sur la voie du regret, voire sur
celle du trépas.
Des maisons ont reçu des visiteurs venus leurs
arracher les leurs.
De partout, on crie, on court, on se cache, on gémit et
on est pleuré.
D'autres sont pourchassés, car l'ordre exécuté est
l'ordre donné.

---

[67] Les murs de l'éducation c'est l'école, le lycée plus
précisément.

Des jeunes sont étendus çà et là parterre, tout
sanglant.
Inertes et sans vie[68], ces corps sont tous dépourvus de
leurs âmes[69].
C'est grâce aux bracelets et à l'habillement, qu'on
reconnait,
Car sont parfois déformés, le visage et même le corps.

Tant de corps inertes est étendu parterre.
Nombreux sont méconnus et nul ne les enterre.
Les bourreaux s'en chargent et les ramassent.
La fausse commune et la terre les accueillent.

L'ordre donné est exécuté et la mission s'accomplie.
Les *derniers survivants de la caravane* respirent[70]
encore.
Des cœurs sont vexés, ils saignent, ils sont frustrés
Mais tous subissent tout en silence même si les cœurs
sont brisés.

---

[68] Inerte et sans vie c'est l'expression de la mort.
[69] Un corps dépourvu d'âme traduit l'absence de la vie, donc
c'est la mort.
[70] Respirer veut dire vivre.

AUX MARTYRS DU 18 JANVIER 1979

II

Oh courageuses âmes de Centrafrique !
Oh corps étendus dans le sang parterre !
Oh jeunes, victimes des surprises du temps !
Vous êtes toujours là dans la conscience des
temps.

Voici qu'en ce moment on vous commémore.
L'acte s'est produit, l'acte est consommé.
Que votre martyre affermisse et inspire.
Qu'il fasse réfléchir et décider.

Oh terre de nos aïeux !
Oh pays de « Zo kwè zo » !
Cesse de t'attrister.

Encore maintenant, le ''NON'' continue de
conduire tes enfants à l'abattoir.
Ils sont conduits à l'abattoir dans la nuit du
jour[71] : sous un soleil sombre[72].
J'entends des cris, des pleurs, des grincements
de dents dans le silence de ce nuit-jour[73].

---

[71] La nuit du jour veut exprimer, ici, l'injustice
[72] Le soleil sombre, c'est une justice taciturne et muette,
autrement dit, corrompue, car même si elle voit, se tait ou joue
à l'hypocrisie.

Maman Centrafrique, ne pleure plus, mais agis
pour sauver et libérer.

<hr>

73 Le nuit-jour est synonyme de la nuit du jour.

LA BOUGIE DE L'ANNIVERSAIRE

Avec la naissance, une bougie[74] est allumée[75].
Dans la nuit de l'existence[76], elle a éclairé[77].
De façon disparate[78], dans toute la nuit,
De nombreuses flammes[79] apparaissent.

La bougie est façonnée pour être allumée,
Elle est allumée pour être consumée[80].
Combustible[81], que de cires[82] dans le
chandelier[83].

---

[74] La bougie symbolise l'être humain.

[75] Allumer veut dire venir en vie, naître, embrasser la vie terrestre.

[76] La nuit de l'existence c'est pour désigner l'existence liée à la question de la finitude de l'homme caractérisée notamment par les souffrances qui se conclue dans la mort.

[77] Eclairer signifie, ici, vivre, exister.

[78] Il arrive, le plus souvent, que les êtres humains aient des relations tendues, soient en désaccord, soient haineux pour des diverses raisons. C'est ainsi que l'on assiste à des guerres, des conflits, des divisions, aux rejets des autres, etc. Cela n'est point naturelle en eux, mais c'est le fruit de leurs conduites perverses et égocentriques. Ce penchant serait dû à la concupiscence.

[79] La flamme n'est rien d'autre que la vie.

[80] Etre consumer ou se consumer traduisent la même idée d'éclaire. C'est le fait de vivre, de tendre vers sa fin qui est la mort.

[81] Combustible, c'est-à-dire, mortel, fini.

[82] Les cires veulent symboliser la dépouille mortelle, le cadavre. Après la mort, c'est seulement ce qui restent et qui sera inhumé.

Ainsi, seules les cires résistent et demeurent.

Elle est allumée, elle éclaire et se fend[84].
Elle se métamorphose[85] quand elle se fend.
Finalement, point de bougie, que de cires.
L'une est allumée, l'autre devient cires.

Jour de l'anniversaire, jour de la naissance.
La bougie[86], on l'allume, elle se consume.
Bougie de l'anniversaire, bougie naturelle :
C'est un message qu'abrite l'ambiance.

---

[83] Le chandelier exprime la terre, où sera contenue, enfuie la dépouille mortelle.
[84] Se fendre, c'est le fait de tendre vers la mort.
[85] Se métamorphoser, c'est grandir et vieillir, pour les uns.
[86] Là, il s'agit d'une vraie bougie, une bougie artificielle, celle que nous utilisons souvent.

LE RENOUVELLEMENT

Si je suis aujourd'hui, donc, d'une mère, j'étais né.
Fêter son anniversaire, c'est se rappeler du passé.
Ce passé, c'est tout ce que j'étais et le suis encore.
Ce jour historique et mémorable fait penser au
Créateur.

La joie de la fête ouvre le jubilaire aux autres.
La fête d'anniversaire renoue la fraternité.
La fête d'anniversaire revivifie l'amour.
Que l'amour rassure et s'affirme en ce jour.

Les vicissitudes de la vie font parfois dégoûter la vie.
La peur de la mort impacte souvent sur le quotidien.
Mais le jour de l'anniversaire redonne le goût de
vivre.
Ce jour surpasse les faiblesses de la fraternité.

Alors l'esprit et le cœur abattus se revigorent.
Le cœur vidé se bourre et surabonde d'amour.
Les murailles de la solitude s'écroulent.
La fraternité laisse germer des fleurs d'amour.

Avec la joie de l'anniversaire, les cœurs et les esprits
se refont.
Avec l'ambiance de ce jour, les relations se purifient
et se solidifient.

Ce grand jour d'amitié et d'amour voit se tisser de
nouvelles relations.
Ah, l'anniversaire est un grand jour, jour de
merveilles et de relations.

LE JOUR ETOILE

Voici le jour où se déversent les étoiles[87] du
firmament.
La terre est tout étoilée et tout y est fulgurant.
Voici le moment où le jubilaire renait en l'amour !
De même, en lui, renait le véritable amour.

Que l'anniversaire ne soit pas passivement fêté.
C'est un jour de joie, mais plein de signification.
C'est le jour du vin et de la bombance :
C'est en cela que l'amour nait et renait.

A l'homme du jour, les étoiles soient accordées.
Que ses jours sombres deviennent tout lumineux.
Et que les merveilles de ce jour l'accompagnent.
Qu'elles lui soient l'expression de la longévité.

Heureuse fête pleine de vie !
Joyeuse soirée scintillante !
Que d'étoiles à tout son séjour !
Longue vie au jubilaire du jour !

---

[87] Les étoiles expriment le bonheur, l'excellence.

LE JOUR FLORAL[88]

Ah, qu'il soit entouré de fleurs les plus splendides !
Courez, accourez, venez et voyez ces merveilles !
Venez, oui, venez tous avec des mains[89] bondées de
fleurs.
Venez, oui, venez tous avec la danse et parmi les
chants.
Vous qui dormez et vous qui allez au champ, l'avez-
vous oublié ?
Cueillez des leurs sans tarder, hâtez-vous et rejoignez
les autres.

Qu'en y est-il des musiciens et des poètes ?
Qu'ils viennent donner un sens festif et solennel.
Que les larmes qui coulent se sèchent !
Que les jérémiades se transforment en joie !
Que le solitaire fasse écrouler sa muraille !
Que tous viennent avec tant de fleurs en main !

Oh belliqueux[90], qu'attends-tu encore avec ces
armes[91] ?

---

[88] Le jour foral veut dire le jour d'amour, d'amitié. Donc le jour de l'anniversaire est un jour d'amour, d'amitié, de fraternité.
[89] La main désigne, ici, le cœur, lieu d'où jaillit l'amour.
[90] Le belliqueux c'est celui qui a le cœur sombre, un cœur pervers
[91] Les armes c'est le symbole du mal, de la perversion.

Jette-les, cueilles des fleurs et viens sans tarder.
Et que le rabat-joie également se convertisse,
Qu'il cueille des fleurs et vienne partager cette joie.

Que le misérable se mette également à la table
d'honneur.
Que le plus fort accepte de trinquer son verre avec le
paysan.
Que toutes les mains soient bondées de très belles
fleurs.
Que les lèvres soient un moyen d'expression des
cœurs.

L'APRES FETE D'ANNIVERSAIRE

Aujourd'hui, il était né ;
Aujourd'hui, il se rappelle.
La loi de l'amour a convié.
C'est un devoir fraternel.

Ce jour est digne d'être archivé,
Ce jour des fleurs qui réjouissent.
Que les fleurs cueillies ne se fanent,
Et que soit conservée leur beauté.

La fête suppose surtout le manger et le boire.
L'anniversaire outrepasse le vin et la bouffe.
Le vrai anniversaire, c'est l'après anniversaire.
L'après anniversaire, c'est l'amour qui demeure.

La boisson et le repas sont éphémères ;
Ce sont les sources d'où jaillissent les joies.
Mais au-delà de tout, seul l'amour qui demeure ;
Quelle que soit la force de la haine, il demeure.

Avec cet amour, la vie se refait.
Avec cet amour, le cœur rebat.
Avec cet amour, tout est paisible.
Avec cet amour, tout est possible.

Que l'après fête de cet anniversaire soit concret en
tous.
Que l'après fête de ce grand jour demeure
indélébile.
Vive sans fin toutes les fêtes des jours de la
naissance.
Vive à jamais ce que réserve l'après fête de cet
évènement.

AVOIR UN AN, C'EST FAIRE UN PAS

Avoir une année de plus, c'est avoir une année de
moins.
Fêter une année de plus, c'est fêter une année de
moins.
Un pas marqué dans l'existence, c'est un pas marqué
vers l'au-delà.
Les jours qui nous rappellent la naissance, nous
rapprochent de la tombe.
A chaque année qui passe, chacun marque un pas vers
le trépas.

Fêter son anniversaire c'est fêter, tout vivant, le jour
de sa mort.
La joie de l'anniversaire, c'est un courage qui dispose
l'âme à sa fin.
Le jour de l'anniversaire est un jour merveilleux, un
jour de liesse.
Mais pourquoi le jour de la mort est-elle toujours une
question ?
Quand il y a naissance, il y a les anniversaires et aussi
la mort.

Il vaut mieux ne plus fêter son anniversaire et oublier
sa date de naissance ?
Il vaut mieux observer le deuil le jour de sa venue au
monde ?

En effet, nul ne peut participer à la vie sans y entrer par la naissance ;

Et nul, non plus, ne peut oser prétendre contourner la porte de la sortie[92].

A cet effet, faille-t-il boire et manger car « demain nous allons mourir » ?

---

[92] La porte de la sortie de la vie est la mort, tout comme la porte par laquelle on y entre est la naissance.

LA SOLIDARITE

Je ne peux rien, si je suis tout seul !
Rien n'a de sens, si je vis tout seul !
Le seul : c'est un péril et un frein.

La présence de l'autre est un avantage.
Ensemble avec lui : tout peut se transformer.
Il mérite considération et amour.

De la solidarité jaillie l'amour.
La solidarité est une force,
Elle est une confrontation de richesse :
Socle du présent, image du futur.

Brandir la flamme de la solidarité.
Bâtir une solide fraternité.
Briser toute barrière anti-fraternelle.
Ensemble pour une vraie fondation sociale.

UNE VENUE MIRACULEUSE

Une grande lumière a lui dans notre nuit ténébreuse !
Partout règne une atmosphère pacifique et joyeuse !
Ce Roi longtemps annoncé, espéré et tant attendu,
Celui sur qui nous espérons notre salut est venu.

Tout le firmament et tous les êtres célestes
Ont exprimé et proclamé cet événement.
Toute la terre et tous les êtres terrestres
Sont dans la liesse pour ce grand avènement.

Ah ! Ce Grand Roi est venu jusqu'à moi !
Quel honneur pour moi d'accueillir ce Roi !
Cette hospitalité, source de joie,
Donne un nouvel élan à ma vie.

Vive ce Roi, qu'il règne à perpétuité.
Vive sa renommée pour l'éternité.
Mais comment adhérer à un inconnu ?
Pour quelle raison est-il venu ?

 Cet Hôte est le Roi des rois, un Roi tout parfait.
Il est l'Amour, la Vérité et la Justice.
Il vient instaurer une fraternité de paix.
C'est un nouveau départ, une nouvelle vie.

Il est le Messie promis à Israël.

Il se nomme Jésus, l'Emmanuel.
Il s'incarne pour sauver le monde,
Il ne vient pas gouverner le monde.

Que je participe ardemment
Et contribue cordialement
A cette mission salutaire.
Car j'en serai le bénéficiaire.

L'AUTRE

De la terre l'un[93] fut fait,
De l'os de l'un vint l'autre[94],
De l'un et de l'autre il[95] vient,
Il vient mais grâce à la Grâce[96].

De la lune à la lune[97], voilà un jour[98] :
L'un, l'autre et lui[99] ont chacun un jour.
Le témoin de tous les jours est la Grâce :
Elle est le jour de lui, de l'un et de l'autre.

Lui doit la reconnaissance :
A l'un, à l'autre et à Elle ;
Or, dignes soient-ils,

---

[93] L'un, c'est l'homme.

[94] De l'os de l'un vint l'autre. Ce ver met en relief la valeur de l'union conjugale.

[95] Il, désigne tous ceux (enfants) qui sont issus d'une mère et d'un père tous biologiques.

[96] La Grâce c'est le Transcendant.

[97] De la lune à la lune, c'est-à-dire de la naissance à la mort. Autrement dit, de la nuit à la nuit. Entre les deux pôles de la lune, il y a le soleil. C'est pour dire aussi que la faculté rationnelle d'un enfant et celle d'un vieillard ne déploient pas comme celle d'un jeune ou de celui qui traverse la fleur de leur âge. C'est durant la jeunesse que la raison éclaire le plus possible.

[98] Un jour, c'est l'expérience de vie, la durée de vie d'un individu.

[99] Lui désigne tous ceux (enfants) qui sont issus d'une mère et d'un père, tous biologiques.

Mais, adorables soit Elle.

Il devient lui-concret par l'autre,
Sa langue ne devrait renier l'autre.
Loin de diviniser et d'adorer l'autre,
Mais divin et adorable soit l'autre.

L'autre s'est sacrifié pour lui :
Voilà le cœur de l'autre pour lui.
S'il vexe profondément l'autre,
Il lui est tombé dessus la foudre[100].

Il faut entourer l'autre des fleurs et l'adorer,
Mais entourer la Grâce seule des fleurs et l'adorer.
L'autre doit être divin sans qu'il le divinise,
Mais que la Grâce soit divine et qu'il la divinise.

Quel que soit l'autre, qu'il l'aime :
C'est la fierté et le respect de l'autre.
Il a pour première femme cet autre,
Mais sans jamais rêver l'érotisme.

Tout l'autre[101] au monde est l'autre[102],
L'autre n'est pas seulement le sexe.
Mais l'autre est la vie et la richesse,
L'un ou l'autre est un souffle.

---

[100] La foudre, c'est la malédiction.
[101] Toute l'autre veut dire toutes les femmes.
[102] L'autre, c'est-à-dire ma mère.

L'un et l'autre ont fabriqué l'autre[103],
L'un et l'autre ont fabriqué lui[104].
Or, les deux ne sont pas à la Grâce.
Qu'en y est-il de cet autre et de lui ?

---

[103] L'autre fabriqué : les appareils fabriqués par la science et la technique en vue de porter la grossesse en guise de la femme.
[104] Lui fabriqué : les enfants issus de l'autre fabriqué par la science et la technique.

NATURE[105], MA MERE

Oh nature, toi ma mère !
Nature, toi mon bonheur !
Nature, toi mon amour !

Maman, j'ai faim.
Maman, j'ai soif.
Stp dépanne-moi.

Voilà des eaux souterraines,
Et voici des cours d'eau.
Viens, mon fils, désaltère-toi.

J'ai planté des agrumes partout.
J'ai tant de plantes fruitières.
Viens les chercher, mon enfant.

Regarde, je suis trop riche :
Voici des plantes comestibles.
Mais, sois sage et pense au futur.

Aimerais-tu devenir riche ?
Voici de l'or, du diamant, et…
Viens t'en servir, mon enfant.

Je te propose deux belles choses :

---

[105] La nature comme une réalité cosmique.

Le soleil et la lune pour ton jour.
Cela fait ma beauté, n'est-ce pas ?

Ah oui, crois-moi, mon enfant.
Moi, ta mère, j'ai presque tout,
Mais protège-moi et sois sage.

Sers-toi de moi, tu aurais ce que tu rêves.
Ne te sers pas de moi pour déshumaniser.
Protège-moi et gère-moi sagement, petit.

IL FAUT TRANSPIRER

Pourquoi pleurer, pourquoi te plaindre ?
Vas-tu toujours continuer de souffrir ?
Viens, mon petit, je t'aiderai, moi ta mère[106].

Voici que j'ai presque tout ce que tu veux,
Mais tu n'en peux rien si tu ne transpires[107].
Eh bah, si tu es fichu de transpirer, viens.

Mon fils, il faut transpirer de la tête aux orteils.
Ce n'est pas méchant, mais c'est comme cela.
Crois-moi que nul n'est exclu à transpirer.

Rappelle-toi que j'ai quasiment tout,
Mais, sois sage et protège-moi toujours.
Seule ta sueur te procurera du sucre[108].

---

[106] La nature
[107] Travailler
[108] Le bonheur

L'ARBRE-SOCIETE

Comme un arbre gigantesquement grotesque :
De nombreuses branches, feuilles touffues,
Et de nombreuses racines perforent la terre,
Des fruits verts, des fruits mûrs, des fruits pourris.

De la société sont les êtres :
Etres animés, êtres inanimés.
Végétaux, animaux, hommes,
Tous, les éléments de la société.

La société est-elle l'individu ?
Elle est les individus en un.
Voici les feuilles bien touffues :
La beauté et la vie s'expriment.

De la branche sortent des feuilles.
L'hétérogénéité, un carrefour culturel :
D'une culture est l'un, de l'autre est l'autre.
Une diversité, une beauté, une richesse.

De toutes les branches sortent des feuilles.
D'un seul arbre viennent toutes les branches.
Si d'une seule branche sont toutes les feuilles,
Chaque feuille est composante des feuilles.

LA FORCE DE L'ARBRE

Si l'on parle de l'arbre,
L'esprit s'imagine tout l'arbre :
Ses branches, ses feuilles,
Son tronc, ses racines.

Un arbre, voilà un modèle d'unité ;
Un arbre, voilà un modèle d'amitié ;
Un arbre, voilà un modèle de beauté ;
Un arbre, voilà un modèle de société.

L'unité de l'arbre c'est le tronc.
A lui, toutes racines sont liées.
De lui proviennent toutes branches.
Mais des deux, se maintient le tronc.

La société a de multiples talents[109].
De chaque talent, elle grandit,
Mais dépend de tous les talents.
Les mauvais talents inquiètent.

Pas d'inutilité dans la composition d'un arbre.
Jamais un arbre se rejette ou rejette sa branche.
Jamais les racines ne rejettent les feuilles si
lointaines.

---

[109] Les talents sont l'image d'individus qui forment la société.

Rien ne se rejette ou ne rejette, mais tout
s'assemble.

Sans l'un, vient le dépérissement et le pourrissement.
Par les racines viennent de l'eau et du sel minéral.
Des feuilles se fait la photosynthèse par la
chlorophylle.
Par le tronc, la communication et la distribution se
font.

Un très bon arbre est sa racine :
De nombreuses racines enracinées.
Du dépérissement et du danger de tomber,
L'arbre s'en échappe et se rassure.

La société ne tombe de la nuée.
Existe-t-elle une société sans origines ?
Elle s'est formée et s'est devenue.
De l'ex nihilo s'est-elle formée ?

Toute société s'enracine par ses racines.
De temps à autre, elle y puise le nécessaire.
Loin de ses racines, son assurance est douteuse.
Or, elle n'est pas seulement que ses origines.

Tout arbre est limité par le temps et l'espace[110].
Les feuilles se fanent, d'autres bourgeonnent.
Il est impossible que la société disparaisse.
Peut-être la vieille Pologne et sa disparition ?[111]

---

[110] L'espace pour signifier les conditions naturelles et géographiques.
[111] Avec le début de la deuxième guerre mondiale, la Pologne fut supprimée de la carte du monde en 1939.

TABLE DE MATIERE